CAMPAGNE DE FRANCE

1870 — 1871

LA

RETRAITE DE MÉZIÈRES

UNE RETRAITE DE DEUX MILLE

A Luzarches, près Paris, dit le *Gaulois*, sont arrivés 2,000 hommes de tous corps, de tous grades, échappés par hasard à la débandade de Mac-Mahon. Poursuivis par l'armée ennemie à cinq lieues de distance, ils ont pu cependant arriver à bon port aux limites des départements non encore envahis.

Malgré des difficultés sans nombre, à travers des chemins affreux, supportant la pluie et marchant nuit et jour, ces braves soldats ont ramené avec eux 96 pièces de canon.

Pendant la route, ils ont dû en abandonner près du double, soit en les noyant, soit en les enterrant, par suite des maux qu'ils éprouvaient, dont les chevaux ni les trains qu'ils traînaient.

C'est là un de ces faits héroïques, et, comme sans doute nous en aurons beaucoup à signaler à l'admiration publique.

PARIS. — TYPOGRAPHIE DE HENRI PLON
3, RUE GARANCIÈRE.

CAMPAGNE DE FRANCE
1870-1871

LA

RETRAITE DE MÉZIÈRES

EFFECTUÉE PAR LE 13ᵉ CORPS D'ARMÉE

AUX ORDRES DU GÉNÉRAL VINOY

PAR

CHARLES YRIARTE

PARIS

HENRI PLON, LIBRAIRE-ÉDITEUR

10, RUE GARANCIÈRE.

1871

Dans cette sombre campagne de France, au milieu de faits d'armes héroïques, de sacrifices infructueux, de dévouements sublimes qui n'auront jamais d'historiens parce que les faits se sont accumulés avec une rapidité énorme, l'épisode de la retraite du 13e corps d'armée de Mézières sur Paris mérite d'être enregistré et défini d'une manière authentique. C'est une des nombreuses marches auxquelles a donné lieu une aussi prodigieuse campagne. Le public parle de cet épisode sans bien se rendre compte de ses détails et de sa portée; les Prussiens eux-mêmes savent que tout un corps d'armée, qu'ils avaient un intérêt particulier à détruire, leur a échappé, mais ils ignorent encore les moyens que Vinoy a employés pour arriver à ce résultat.

Il n'est peut-être point inutile de décrire l'ensemble de ces mouvements sur des documents authentiques. Désormais, le public saura à quoi s'en tenir sur cette opération militaire, dont il ne faut pas exagérer la portée, mais qui constitue cependant une manœuvre des plus habiles. Elle a, du reste, été plusieurs fois l'objet de témoignages publics d'admiration de la part de l'ennemi lui-même.

LA RETRAITE
DE MÉZIÈRES

Les destinées de l'armée de Mac-Mahon allaient être à jamais compromises à Sedan, et le mouvement de jonction des armées de Bazaine allait commencer sur Montmédy, quand le ministre de la guerre donna l'ordre au 13° corps d'armée, aux ordres du général Vinoy, d'aller se former à Mézières, et par conséquent de se rapprocher du théâtre de la lutte. L'ensemble de ces forces pouvait, à un moment donné, se joindre à celles des deux maréchaux, appuyer un mouvement, tenir libre telle ou telle communication, concourir en un mot à l'action commune, et enfin se tenir à la disposition des généraux en chef.

Le dimanche 28 août, à une heure et demie, l'ordre fut communiqué aux troupes. Le corps d'armée était ainsi divisé :

La première division, au commandement du

général d'Exéa, se formait à Reims et devait protéger la ville menacée par l'ennemi.

La deuxième division, au commandement du général de Maud'huy, et la troisième division, au commandement du général Blanchard, partaient de Paris.

La cavalerie n'était pas encore formée et devait être commandée par le général Reyau ; cependant le 6° hussards accompagnait la colonne, et le 6° dragons s'était joint à la division d'Exéa.

L'artillerie comprenait douze batteries, sous le commandement du général d'Ubexy.

Ce mouvement devait avoir lieu le jour même ; des circonstances fatales ne permirent de le commencer que vingt-quatre heures plus tard. Ce retard fut funeste ; il n'eût pas empêché sans doute le désastre de Sedan, on est cependant en droit de supposer que douze batteries mises en œuvre sur un point quelconque des environs de Sedan auraient pu avoir pour résultat de tenir ouverte une route qui eût permis d'évacuer en partie la place où les troupes de Mac-Mahon étaient acculées.

Le mouvement commença le 29 août, à dix heures

du soir ; il était réglé par ordre ministériel, et ainsi défini :

La gauche prenait la tête ; elle se composait de la deuxième brigade de la division Blanchard, qui comprenait le 35e et le 42e régiment de ligne ; deux excellents régiments récemment arrivés de Rôme, et qui devaient plus tard, à Chevilly, à Bagneux et aux combats de Champigny, perdre plus du tiers de leur effectif, laisser sur le champ de bataille près des deux tiers de leurs officiers, et soutenir glorieusement, sous les murs de Paris, la réputation de l'ancienne armée française, donnant ainsi aux jeunes soldats des régiments de marche et aux jeunes mobiles l'exemple de la plus grande discipline et du courage le plus brillant.

Le général Guilhem, qui commandait cette belle brigade, est mort en brave au combat de Chevilly.

Le matériel était prêt ; les trains devaient se succéder d'heure en heure. Après la deuxième brigade venait le quartier général, toute l'artillerie, les services administratifs ; la brigade Susbielle, première de la division Blanchard, venait ensuite, puis la division Maud'huy tout entière, enfin le parc d'artillerie de réserve.

Le général en chef n'avait eu qu'à exécuter le mouvement dans la disposition où il était conçu; on remarquera que soixante-douze pièces d'artillerie étaient encadrées dans une seule division, que les munitions étaient avec la réserve et qu'il pouvait résulter de cet ordre de marche des inconvénients graves, dont le moindre pouvait être de se voir attaqué par des forces nombreuses et d'épuiser rapidement les munitions. Ce point de Mézières était peut-être aussi beaucoup trop près de l'ennemi; la tête de colonne, très-faible d'effectif, très-forte d'artillerie, et encombrée de bagages, pouvait, au moindre mouvement des Prussiens, se trouver en leur présence. Dans ce dernier cas, la petite place de Mézières, qui, un jour ou l'autre, et l'événement l'a prouvé, devait être investie, n'aurait plus eu de munitions et de vivres si on lui eût enlevé ceux qu'elle possédait pour approvisionner une colonne aussi forte.

L'embarquement des troupes, des chevaux, des pièces d'artillerie et des chariots de toute sorte sur les voies ferrées est une opération toujours lente et difficile. Le quartier général devait quitter Paris

à huit heures du matin : il était encore en gare
vers onze heures ; on avait réglé l'itinéraire par
Soissons, Laon et Vervins. Nous étions alors dans
tout l'enthousiasme de la résistance ; ce n'étaient
plus les illusions du premier départ, ces clameurs
d'un triomphe anticipé, ces vociférations d'une
foule qui n'avait pas conscience des difficultés
inouïes d'une campagne à entreprendre contre une
nation aussi puissante et une armée aussi forte-
ment constituée que l'armée allemande; mais les
premiers combats avaient été héroïques, nos premières défaites étaient aussi glorieuses que des
victoires; et tout le monde rêvait la jonction de
Mac-Mahon et de Bazaine qui devait nous sauver.

Le passage de ce corps d'armée qui allait
rejoindre nos troupes dans l'Est, le nom du chef
populaire qui l'avait formé, devaient déterminer
un grand enthousiasme parmi les populations
qu'on traversait. A chaque station, la foule enva-
hissait la gare pour offrir des vivres et des récon-
fortants aux troupes. A partir de Vervins, les
populations émues, chaudes, laissaient échapper
un patriotique enthousiasme et voulaient prouver
leur sympathie par une hospitalité prodigue qui ne
pouvait que rendre la marche plus difficile et

démoraliser de jeunes troupes peu habituées aux rudes exigences de la discipline et qui ne se rendaient pas un compte bien exact de l'effort énorme qu'on allait exiger d'elles.

Afin de faciliter ces longs convois de troupes, on avait ouvert un tronçon qui relie Vervins à la station d'Hirson, située sur la ligne parallèle à la frontière qui passe par Avesnes, Mézières et Montmédy.

Les trains se succédaient avec régularité quoique d'une façon lente; à Hirson, les premières colonnes croisèrent en gare un convoi portant l'escorte des cent-gardes avec les bagages du prince impérial. On s'était déjà décidé à mettre le prince hors d'atteinte; il avait passé la nuit précédente à Mézières, et il devait se rendre à Avesnes, où il attendrait le résultat des journées qui se préparaient. On savait déjà à quoi s'en tenir sur le sort de nos opérations militaires, mais cette rencontre, qui retarda la marche de quelques heures, était bien faite pour montrer la gravité de la situation. On était loin du « baptême du feu » de Sarrebruck et des enfantillages princiers qui contrastaient si péniblement avec la gravité de cette guerre effroyable.

Là marche, à mesure qu'on avançait, devenait plus difficile et plus embarrassée : un mouvement désordonné, dont personne n'avait l'explication, causait à chaque station des retards considérables. A Rimogne, les trains restèrent trois heures en arrêt sur la voie. Tous les villages qu'on traversait offraient le spectacle d'une désolation extrême : les populations affolées déjà par l'approche des uhlans, devenus en si peu de temps légendaires, refluaient vers le centre et accumulaient sur des chariots tout ce qu'elles possédaient. La voie, à mesure qu'on avançait, était gardée par des volontaires; les trains n'avançaient plus que par secousses au milieu d'un croisement d'autres trains qui, à tout moment, faisaient craindre des chocs inévitables. Enfin la tête de colonne entrait eu gare de Mézières, à Charleville, à la nuit close, au milieu d'un désordre indescriptible et d'un mouvement inouï.

La ville de Mézières était endormie, le poste qui gardait les portes de la citadelle vint reconnaître militairement les forces qui s'avançaient. On suivait le cours de la Meuse couverte de brouillard; les rues étaient désertes, et le silence qui régnait dans cette ville de province endormie contrastait singulièrement avec le mouvement de la gare.

Le général commandant en chef se rendit directement à la préfecture accompagné de son état-major. Il fit appeler les différents chefs de service : le général Mazel, commandant la subdivision, qui, plus tard, devait organiser la résistance dans la place dont on vient de lever le siége ; le colonel de la Lobbe, qui la commandait, et le sous-intendant militaire.

La première nouvelle qu'on reçut du théâtre de la guerre fut apportée par un intendant délégué du grand quartier général, qui avait reçu l'ordre de diriger sur Montmédy un million deux cent mille rations. Le bruit se répandait aussi d'un combat livré le 30, à Mouzon, par l'armée du maréchal Mac-Mahon. Ces provisions énormes, préparées pour l'armée qui s'avançait sur Montmédy, ne devaient jamais lui parvenir ; on dut plus tard brûler les wagons chargés, de peur de les laisser aux mains de l'ennemi. Cependant la demande faite à l'intendant pouvait permettre de pressentir une heureuse issue du combat ; mais un inspecteur des chemins de fer, qui, grâce à son personnel, avait des informations particulières plus sérieuses et plus véridiques que les dépêches officielles, paraissait savoir à quoi s'en tenir sur le désastre qui allait survenir.

L'arrivée à Mézières eut lieu dans la nuit du 31 ; l'emplacement désigné pour le campement s'étendait au bord de la Meuse dans une vaste plaine comprise entre Charleville et Mézières.

Depuis la veille, trois cent quatre-vingt-quinze zouaves du dépôt du 3ᵉ régiment qui rejoignaient leur corps étaient bivouaqués sur la place de Charleville ; le général Vinoy, qui avait pour préoccupation première de se mettre en relation avec le maréchal Mac-Mahon ou avec l'empereur, prescrivit à son aide de camp, M. de Sesmaisons, de conduire ce détachement jusqu'à Sedan, de le mettre à la disposition du général Bensmann et, de là, de se rendre auprès du général en chef afin de prendre ses ordres et lui rendre compte des dispositions qu'il avait prises pour assurer la concentration de son corps d'armée.

Il devait d'abord faire occuper la gare de Rimogue par des troupes chargées d'empêcher les éclaireurs ennemis de couper la voie. Les rails entre Poix et Reims étaient détruits : il devenait néces-

saire d'envoyer une reconnaissance à Poix, sur la
voie de Mézières à Reims, pour rétablir la route ;
enfin, pour aller sûrement de Mézières à Sedan, il
était indispensable de faire sauter le pont de Flize,
parce que l'ennemi occupait Dom-le-Ménil et pouvait, d'un moment à l'autre, intercepter la voie. Il
y avait, d'autre part, le pont de Donchery, mais le
général Bensmann s'était chargé de le faire sauter.
Ces premières précautions auraient permis au général Blanchard et au général de Maud'huy de se
concentrer.

L'aide de camp du général se rendit à Sedan,
par chemin de fer, menant avec lui son détachement de zouaves. La voie était libre ; mais à la hauteur de Donchery, où la voie ferrée est en remblai
sur la vallée et suit la rive droite de la Meuse
qu'elle traverse un moment après pour se perdre
dans une tranchée qui conduit jusqu'à Sedan, le
canon retentit sur la gauche de la voie, une douzaine de projectiles sifflèrent au-dessus du convoi,
ou vinrent faire voler le sable du remblai. Le ten-
der et le fourgon furent touchés ; et les jeunes
zouaves, plus bouillants qu'expérimentés, sautèrent

aux portières, l'arme au poing, ne sachant même
pas d'où partaient les détonations et se livrant à
un feu de tirailleurs des plus vifs sans aucune
chance de succès. Cependant le convoi entrait dans
la tranchée, l'ennemi cessa le feu. On était en gare
de Sedan.

Un régiment était formé sur la première place ;
on laissa les zouaves au commandement de l'officier
supérieur, qui dut les conduire dans la place. Autour de la ville la garde mobile locale défendait le
rempart, un officier observait des mouvements de
troupes prussiennes qui se faisaient sur les hauteurs de Wadelincourt ; ces colonnes débouchaient
dans un ordre admirable et prenaient position.

SEDAN.

L'aspect de Sedan mériterait une description
très-mouvementée : ce n'était pas encore le désordre inouï du lendemain, mais les rues étaient en-
combrées, tumultueuses, on ne pouvait plus se
mouvoir sur aucun point de la place ; le rappel
battait dans les rues, les clairons remplissaient la
ville de leurs échos sonores ; soldats, isolés, voitures d'intendance, caissons et canons se croisaient

aux carrefours au milieu des vociférations des conducteurs; le découragement se lisait sur tous les visages et l'esprit d'indiscipline se faisait jour à chaque pas dans ce pêle-mêle de gens armés, dépareillés, sans cohésion, et qui échappait déjà à tout commandement.

L'épisode de la mission de l'aide de camp du général Vinoy auprès de l'empereur et du maréchal Mac-Mahon a naturellement sa place dans ce récit; d'ailleurs, le lendemain, ces deux chefs suprêmes n'étaient plus que des prisonniers. Il n'est pas sans intérêt de connaître par un témoin oculaire, dont les notes nous sont d'un puissant secours et qui certainement les publiera quelque jour, dans quel état d'esprit étaient l'empereur et le maréchal à la veille de l'immense désastre qui les attendait.

M. de Sesmaisons se présenta chez Napoléon III, et eut quelque peine à pénétrer jusqu'à lui; mais l'empereur, l'ayant entendu, le fit appeler. La scène se passait dans une petite chambre de la sous-préfecture, un logis froid d'aspect et presque démeublé. Une bûche brûlait dans l'âtre. L'empereur, debout devant une petite table, toujours calme, froid, énigmatique, souriant de son pâle sourire, et comme inconscient des désastres qui fondaient sur le pays, écouta avec calme le récit de la mission de l'aide de camp, parut d'avis de donner contre-ordre et d'empêcher la concentration des troupes du 13ᵉ corps, annonçant qu'il se chargeait d'en faire parvenir l'avis par le télégraphe.

Voici le texte de la dépêche que nous retrouvons dans les Fascicules :

« *Au général Vinoy. — Mézières.*

» Sedan, 31 août 1870, dix heures cinq matin.

» J'ai vu votre aide de camp. Les Prussiens s'avancent en force. Concentrez toutes vos forces dans Mézières. »

L'empereur s'inquiéta de la façon dont l'officier regagnerait Mézières, la voie ferrée étant impraticable, puisqu'un instant auparavant le convoi avait dû essuyer le feu de l'ennemi ; il devait prendre un cheval et se joindre à un groupe de cuirassiers qu'on dirigeait de ce côté. A ce moment, prenant sur la table la carte de l'état-major, l'empereur désigna une route de création nouvelle qu'il avait indiquée lui-même au crayon et qui devait être inconnue de l'ennemi.

Le mouvement stratégique des Prussiens, qui avait pour objectif d'acculer l'armée dans Sedan en s'emparant de toutes les hauteurs dominant la place, échappait évidemment à l'empereur, qui annonça son intention de gagner Mézières le lendemain.

Cependant la détermination qu'il avait prise, les ordres donnés au général Vinoy, n'étaient qu'un simple avis. Mac-Mahon commandait seul, seul il avait le droit de disposer des troupes du 13ᵉ corps ; l'officier ne devait donc point partir sans avoir vu le maréchal, afin de recevoir ses instructions. Il est certain qu'en agissant ainsi Napoléon entendait donner satisfaction à l'opinion publique qui l'accusait de compromettre l'armée en gardant le commandement.

MAC-MAHON.

Mac-Mahon était à la citadelle ; il descendait l'escalier qui y mène accompagné de ses aides de camp d'Abzac, Broye, d'Harcourt et Uhrich, le fils du défenseur de Strasbourg. Le général Faure était

auprès de lui ; Robert de Vogué, son officier d'ordonnance, manquait à l'appel : il était tombé noble-
ment à côté de son chef, à Reichshoffen, où son
corps repose.

Mac-Mahon était très-surexcité : il déclarait n'a-
voir dans toute sa vie militaire aucun souvenir aussi
sombre que celui de la veille. L'armée avait senti
le désastre qui l'attendait, les troupes s'étaient
débandées, un désordre inouï avait déterminé la
défaite, des divisions tout entières étaient sans chef
sur le champ de bataille. La voix du maréchal était
altérée, il sentait s'évanouir tout son prestige militaire. A Wissembourg, à Frœschviller, on avait au
moins combattu le front haut, un contre trois, et
l'honneur du drapeau était sauf ; la cavalerie im-
puissante, mais héroïque, avait chargé contre des
houblonnières, tandis que cette guerre sourde, faite
par des ennemis invisibles dont on ne sent que les
coups et qui jamais ne viennent se heurter poitrine
contre poitrine, démoralisait le soldat, qui renon-
çait à la lutte.

On était mal outillé, mal nourri, mal commandé,
et cependant Mac-Mahon était encore décidé à combattre, à vaincre ou à mourir. Brave comme il l'était,
se rattachant à un espoir presque enfantin, comptant

sur des soldats résolus avec lesquels il aurait forcé l'ennemi à venir en plaine, il accueillit avec satisfaction la nouvelle de l'arrivée du dépôt des zouaves, qu'il croyait dignes de ceux de Wœrth et de Wissembourg, comme si une poignée d'hommes pouvait être un appoint.

Mac-Mahon fut d'avis que le 13e corps devait l'attendre à Mézières, lui-même annonça son intention d'y aller le lendemain; il ignorait aussi la marche de l'ennemi et croyait pouvoir dire que ses communications entre les deux places resteraient libres, assuré qu'il pensait être de la possession de la rive droite de la Meuse.

Autour du maréchal, la plupart des officiers, les plus perspicaces et les plus résolus, voyaient la faute qu'on allait commettre; ils sentaient que Sedan était la dernière ville dans laquelle une armée pouvait s'enfermer. Sedan est un trou, dominé de toute part; les rues sont étroites, la circulation difficile; les forces de la place sont nulles : une aussi considérable armée ne pouvait se mouvoir à l'aise dans un si petit espace. Tous ces soldats loyaux, habitués à la victoire, parlaient les larmes aux yeux du désordre et de l'indiscipline qui régnaient dans cette armée démoralisée par la défaite ; les vieux soldats marchaient à la mort le front haut, mais les jeunes recrues, épuisées avant d'avoir combattu, jetaient le désordre dans les rangs.

Comment le maréchal n'a-t-il pas exécuté ce jour-là sa marche sur Mézières et pourquoi n'a-t-il pas profité du seul passage qui lui restât pour sauver son armée ? Il faut évidemment attribuer cette résolution contraire à un sentiment très-haut des choses de la discipline militaire. L'histoire pro-noncera un jour sur ce grand désastre ; nous pouvons supposer que Bazaine, parti de Metz et décidé à rompre le blocus, devait rencontrer Mac-Mahon à Montmédy et opérer cette jonction qui devait changer la face des choses et mettre en péril les armées allemandes.

Si Bazaine, ayant pu ce jour là percer les lignes, n'avait pas trouvé Mac-Mahon du côté de Mont-médy, le désastre qui en résultait était attribué au maréchal qui avait combiné son mouvement avec ce dernier. Le devoir l'appelait donc sur la route de Metz ; ce soldat vigoureux et inflexible y courut, et ce fut sa perte. Quand de telles conceptions réussissent, elles sont la gloire d'un capitaine ; quand elles aboutissent à un désastre comme celui de Sedan, elles peuvent obscurcir une existence toute d'honneur et de prestige : on a le droit de plaindre ; on ne saurait blâmer.

Mac-Mahon évacuant Sedan le 31 août sauvait son armée ; nous croyons qu'il a eu sinon la conscience, au moins l'appréhension de ce qui allait arriver. Il n'était plus la tête qui conçoit un mouvement, mais seulement le bras qui exécute : et les ordres venaient de Paris, il suivait un plan qui n'était pas le sien ; il n'y a plus de doute à ce sujet en lisant les dépêches suivantes publiées dans les Fascicules. Il y avait concert, rendez-vous pris : l'honneur et le devoir l'appelaient sur la route de Montmédy.

« *Maréchal Mac-Mahon à Guerre, Paris.*

» Reims, 22 août 1870, dix heures 45 m. matin.

» Le maréchal Bazaine a écrit le 19 qu'il comptait toujours opérer son mouvement de retraite par Montmédy. »

« *Guerre à maréchal Mac-Mahon. — Au quartier-
général.*

» (Urgent — faire suivre.)

» Paris, 28 août 1870, une heure 30 m. soir.

» Au nom du conseil des ministres et du conseil
privé, je vous demande de porter secours à Bazaine, en profitant des trente heures d'avance que
vous avez sur le prince royal de Prusse. Je fais
porter corps Vinoy sur Reims. »

Quoi qu'il en soit, à l'heure où se passait ce
récit, le maréchal était irrésolu, et déjà cependant
le général Douay, accompagné du général d'Andi-
gné, son chef d'état-major, venait lui dire qu'après
avoir reconnu toutes les positions, il n'en trouvait
pas une qui ne fût dominée par la rive ennemie.
On lui parlait de mouvement tournant, il répondit
avec précipitation : « Je n'ai pas envie de me laisser
enfermer ici comme Bazaine à Metz. »

Et le mouvement des Prussiens s'accentuait à
tout moment, les renseignements précisaient sa
portée ; quand il fut question du projet qu'on leur

prêtait de passer la Meuse, le soldat releva la tête ;
il sentait l'odeur de la poudre : « Tant mieux, dit-il,
qu'ils passent, je le voudrais : s'ils franchissent la
Meuse avec cinquante mille hommes, je suis sûr de
les jeter dans le fleuve. »

Et le maréchal était sombre : son salut était à
Mézières, l'honneur l'appelait vers Montmédy. On
ne put rien tirer de lui de précis et de décisif ;
l'heure avançait, l'aide de camp devait partir ; il
sauta à cheval et courut vers les portes de la ville;
Mais à tout moment il était arrêté par la foule, par
l'embarras des chariots qui sillonnaient les rues :
Sedan était comble.

Ici passait un colonel blessé, là une ordonnance
ramenait le cheval d'un général tué la veille, celui-
ci cherchait son régiment, ce général cherchait sa
division; c'était un désordre énorme, une cohue
sans nom : des voitures de vivres et de bagages
allaient à l'aventure, les cabarets s'emplissaient de
soldats de tous les corps débandés, ivres; des coups
de feu partaient le long de la Meuse où les soldats,
renonçant à combattre, déchargeaient leurs armes
en s'enfuyant à travers champs.

Depuis une heure déjà une violente canonnade

se faisait entendre dans la direction de Bazeille et
de Donzy ; à chaque instant elle devenait plus vive
et le bruit se rapprochait. L'armée prussienne voulait passer la Meuse ; elle attaquait les deux ponts
que le génie avait négligé de faire sauter faute de
moyens suffisants.

L'aide de camp s'engagea sur la route indiquée
par l'empereur ; elle était restée libre, et déjà les
fuyards s'y précipitaient, sans trop savoir où ils
allaient, mais tournant le dos au combat. De nombreux traînards, des colonnes entières, des batteries
d'artillerie dépareillées abandonnaient le champ de
bataille. Un capitaine de gendarmerie et son escorte
accompagnaient un long convoi de bagages qu'on
évacuait sur Mézières. A ces épaves des batailles
de la veille se joignaient les habitants des villages
voisins terrifiés, ayant amoncelé sur des charrettes
tout ce qu'ils possédaient, les hommes poussant à
la roue, les femmes traînant par la main des enfants
en pleurs. Quelques-uns, au contraire, se rendaient
à Sedan, croyant la forteresse capable de résister à
un siége ; c'était déjà d'un aspect sinistre et d'un
désordre fou. Le canon tonnait toujours du côté de
Sedan ; mais la route était encore sûre, et, à une
heure de l'après-midi, l'officier rendait compte de

sa mission au général en chef du 13e corps. Celui-ci ayant déjà reçu la dépêche de l'empereur, avait pris des dispositions pour faire reconnaître le pays et assurer l'exécution du plan qu'il avait arrêté.

POIX — FLIZE.

La première opération, la plus urgente, consistait à reconnaître Poix et à faire sauter le pont de Flize.

Le colonel La Mariouze, aujourd'hui général, partit avec deux bataillons et un escadron du 6e hussards; il devait observer l'ennemi, qui venait par la route de Sedan et nous tournait par celle de Vandresse. Un de ces bataillons, à Flize même, gardait la croisée des routes de Boutancourt, de Vandresse et de Sedan; un autre bataillon, en avant, protégeant l'opération, surveillait aussi sa droite; quant à sa cavalerie, il l'avait laissée à Flize, détachant en avant quelques cavaliers pour occuper les hauteurs.

Les habitants du pays, ouvriers serruriers, forgerons et autres, s'étaient prêtés à la besogne avec un entrain tout patriotique, coupant, limant, hachant le pont de fil de fer, et se chargeant de l'interrompre.

Pendant ce temps-là, l'ennemi, qui occupait le village de Dom-le-Mesnil, à deux kilomètres et demi de Flize, envoie deux escadrons pour empêcher l'opération. Les tirailleurs du colonel La Mariouze, abrités derrière la chaussée qui conduit de la grande route de Sedan au pont lui-même, reçoivent les escadrons, qui se débandent en laissant quelques chevaux sur le terrain, et l'opération s'exécute.

Un instant après, les Prussiens reviennent en force et avec de l'artillerie, essayant cette fois de tourner la colonne de La Mariouze par Boutancourt. Le colonel exécute alors sa retraite avec des pertes insignifiantes. Les forces ennemies ont suivi, la brigade Guilhem est obligée de se porter en avant pour soutenir la retraite.

A Poix, une compagnie du 42e soutient la lutte; elle perd trois hommes, dont un officier, compte quinze blessés et dix disparus; il règne une certaine inquiétude à l'endroit de cette petite force attaquée par d'autres beaucoup plus considérables; mais deux batteries, un escadron de hussards et deux compagnies du 35e se portent à son secours, et le soir, elle rentre dans le camp sous Mézières sans être inquiétée.

La nuit se passe dans un calme complet, mais de toutes parts on signale la présence de l'ennemi ; il avance lentement, il occupe peu à peu les villages. Ses forces sont-elles nombreuses? on l'ignore ; tout ce qu'on peut constater, c'est que, de quelque côté qu'on se tourne, il faut faire bonne garde. L'artillerie cependant arrive assez lentement ; le 1er septembre au matin, une forte canonnade se fait entendre du côté de Sedan, et on apprend que tout un corps d'armée ennemi a passé par Donchery et a bivouaqué la nuit à Vrigne-aux-Bois. Des hauteurs autour de Mézières on voit des troupes engagées, on distingue des fumées d'artillerie ; les reconnaissances poussées dans la direction de Villers montrent que vers Flize l'ennemi a été renforcé et qu'il serait imprudent de s'engager à fond.

INCENDIE DE VILLERS-SUR-LUMES.

A midi, un peloton de uhlans vient reconnaître le village de Villers-sur-Lumes ; au moment où les cavaliers s'avancent, ils sont reçus à coups de

fusil : on les voit rétrograder, puis quelques ins-
tants après revenir en force. Alors, séparées du
village par le cours de la Meuse, les troupes du
13ᵉ corps, déjà réunies, assistent à un spectacle
qui, dans cette guerre, se reproduit, hélas! à
chaque pas.

Les uhlans, en revenant dans le village, fusillent
impitoyablement les habitants et mettent le feu aux
maisons de Villers-sur-Lumes. Inhabiles à protéger
ces malheureux, séparés d'eux par le cours du
fleuve, le groupe des officiers, les soldats, sentent
vivement leur impuissance ; tout ce qu'on peut
faire pour chasser l'ennemi, c'est de mettre quelques pièces en batterie et lancer des obus sur les
cavaliers. C'étaient les francs-tireurs de Lafon-
Mocquart, cantonnés dans le village de Villers,
qui avaient reçu les uhlans à coups de fusil et
avaient ainsi déterminé ces terribles représailles.
Le même jour, à quelques lieues de là, à Bazeille,
où une vieille femme de soixante-dix ans avait eu
le courage de décharger un pistolet sur le groupe
d'un état-major, l'ennemi, après avoir assassiné
la population mâle, avait incendié le village, ne
laissant pas pierre sur pierre, et réduisant toutes
les familles à la plus profonde misère.

Peu à peu, par la seule route restée libre, arrivaient par milliers les fuyards de Mac-Mahon ; soldats de toutes armes, débandés, indisciplinés, insolents, ne reconnaissant ni drapeau ni chefs, insultant leurs officiers, ayant jeté leurs armes et courant à travers champs. Le colonel Tissier, échappé de Sedan, essayait en vain de les rallier ; derrière lui, tout le parc de réserve du 6ᵉ corps se retirait en bon ordre, avec ses chefs respectifs.

C'était une triste confirmation d'une défaite sanglante ; ces hommes échappaient encore isolément, mais Mac-Mahon ne pouvait plus gagner Mézières, car la route n'était plus libre, et le cercle de l'artillerie se resserrait de plus en plus. Le 13ᵉ corps sous Mézières voyait donc ses communications coupées, il fallait même lever le camp et se renfermer dans la ville.

Quant à cette masse de fuyards dont le moral était horriblement compromis, et dont l'aspect pouvait porter la plus grande perturbation dans les jeunes troupes du 13ᵉ corps, on les fit camper au fur et à mesure de leur arrivée sur les glacis de la citadelle.

Le général Vinoy sut prendre une résolution ;

l'armée de Sedan était perdue, son corps d'armée devait échapper s'il en était temps encore. Il y avait trois partis à prendre. — Pousser en avant sur la route déjà gardée par l'ennemi. — Rester dans la place à attendre l'ennemi et se préparer à la défense avec les moyens d'action d'une citadelle armée. — Enfin, battre en retraite, regagner Laon, Châlons ou Paris, et sauver ainsi un noyau d'armée autour duquel se grouperaient les forces de la défense, et constituer l'armée de secours de ce grand camp retranché.

Pour pousser en avant, il eût fallu que le corps d'armée lui-même eût opéré sa concentration. Six mille hommes à peine étaient réunis, le reste venait par chemin de fer ; la voie pouvait être interceptée. Joindre les fuyards aux forces déjà réunies, les rallier et les organiser, c'était introduire un élément de désordre qui n'eût pu que démoraliser les troupes fraîches et se fût refusé sans doute à reprendre la route du champ de bataille.

Se renfermer dans Mézières, c'était s'exposer à un blocus dans une petite ville resserrée, à laquelle est accolé le faubourg de Charleville devenu plus important que la ville elle-même et qui nuit à sa défense. Cette place de guerre, bonne pour une garnison de deux à trois mille hommes, devient dangereuse pour des forces plus considérables. Enfin c'était une capitulation à courte échéance, car les munitions n'étaient pas suffisantes pour autant de monde et les vivres allaient bientôt manquer. C'était aussi livrer sûrement un boulevard de la résistance qui, sans avoir l'importance des forteresses de l'Est, pouvait arrêter quelque temps l'ennemi, sans augmenter ses moyens de défense, proportionnés à sa garnison habituelle.

Le général Vinoy, connaissant l'étendue du désastre de Sedan, en référa au ministre de la guerre, qui lui laissa sa liberté d'action. Il résolut de sauver le corps d'armée et d'opérer sa retraite sur Laon, dont la citadelle était regardée comme imprenable.

A tout moment le nombre des fuyards augmentait; Mézières était encombré: c'étaient les fuyards de l'armée du maréchal Mac-Mahon, les isolés de tous corps, auxquels se joignaient la cavalerie du général Michel, les parcs d'artillerie de réserve, les caissons de munitions, les bagages de toute sorte qui ajoutaient au désordre. On décida de distribuer des rations à tout ce monde et de diriger un énorme convoi sur Avesnes.

La retraite fut résolue; pour la rendre possible et éviter les surprises, on occupa les hauteurs en disposant les troupes de manière à faire face à toutes les éventualités.

LA RETRAITE.

2 septembre.

Il n'y avait pas un instant à perdre, le mouvement fut organisé dans la nuit même; on devait prendre la route directe par Rethel et Neufchâtel. Elle comportait trois étapes : il fallait échapper aux forces ennemies qui menaçaient les troupes du côté de l'est, défaire celles qui avaient attaqué le 35e à Poix, et se frayer un passage.

Pour éviter les Prussiens du côté de l'Est, il suffisait de partir la nuit; le général prescrivit par télégraphe au général de Maud'huy, qui arrivait par la voie ferrée avec sa division, de rétrograder sur Laon et de l'attendre. Les troupes reçurent l'ordre de se tenir prêtes à partir à minuit. Dans la journée, le reste de la division Blanchard avait rejoint Mézières. Quant à ce général, il avait accompagné de sa personne le général en chef.

La route indiquée était l'ancienne route impériale de Mézières, qui passe par les hauteurs et permet d'échapper aux surprises.

Ce départ avait été tenu très-secret ; les officiers durent abandonner leurs bagages ; les troupes, prévenues au dernier moment, eurent la plus grande peine à se rassembler. Ce mouvement, effectué à tâtons, la nuit, dans cette petite ville de guerre, sous l'impression des terribles événements qui se passaient à quelques lieues de là, avait quelque chose de sinistre et de désordonné. Les postes étaient loin les uns des autres ; il fallait les rallier, grouper les régiments, prendre son rang et suivre un ordre de marche défini et combiné avec prudence.

La tête de colonne déboucha vers une heure vingt : elle se composait de la division Blanchard en entier, de l'artillerie de la division Maud'huy, de la réserve d'artillerie du corps d'armée, du 6e hussards et de la compagnie du train avec le matériel d'ambulance.

Comme on pouvait à tout instant être attaqué, on prit des dispositions propres à faire face à l'ennemi. En avant-garde marchait le 42° de ligne ; après lui venaient deux batteries ; un bataillon puis quatre batteries suivaient ; deux bataillons et quatre batteries accompagnées par un autre bataillon et deux dernières batteries complétaient l'ensemble. Pour arrière-garde, on avait le 35° de ligne tout entier, avec le 6° hussards comme extrême arrière-garde.

Il faisait une belle nuit, profonde, épaisse, sans lune, qui favorisait le départ ; on défilait avec prudence, avec tout le silence qu'on pouvait obtenir d'une colonne aussi forte ; on avait pris la précaution de faire attacher les gamelles sur les sacs des soldats, afin de ne pas troubler le silence de la nuit : l'artillerie seule, malgré tant de prudence, roulait sourdement sur les routes. Ces forces échelonnées n'occupaient pas moins de six kilomètres.

Un détail qui rend cette marche plus périlleuse et donne quelque chose de piquant au mouvement, c'est que la nécessité où se trouvaient ces forces de battre en retraite avant de s'être concentrées et d'avoir accompli la mission à laquelle elles étaient réservées, avait eu pour résultat de les priver de cartouches au cas où elles seraient attaquées. Chaque homme n'avait sur lui que sa provision de marche, et aucune réserve ne pouvait lui permettre de faire face à l'ennemi.

Le soldat, du reste, ignora constamment cette situation dangereuse. Si elle avait été connue des troupes, cette circonstance fatale les eût complètement découragées ; on la tint donc secrète et on s'avança sur la route à la faveur de la nuit.

La marche, au début, fut assez rapide ; on gagnait du terrain, mais l'arrière-garde restait un peu en retard.

Vers six heures du matin, une douzaine de uhlans audacieux, espacés les uns des autres, venaient reconnaître la colonne, épier sa force et étudier les dispositions de la marche. A partir de ce moment, de toutes parts, aux crêtes des bois, aux saillies de la route, aux replis de terrain, de chaque bosquet, de chaque buisson, on vit surgir des cavaliers isolés qui galopaient sur les flancs de la colonne, s'en approchant et s'en éloignant tour à tour.

On atteignit Lannois sans encombre, là où le

chemin de fer et la nouvelle route croisent l'ancienne. Il fallut faire halte un instant pour permettre à l'arrière-garde de rejoindre.

On apprit alors qu'un régiment de cavalerie ennemie occupait Puisieux. Les hussards formant l'arrière-garde, des uhlans les prirent pour les leurs et s'avancèrent avec confiance. Le dernier escadron fondit sur eux, en tua un, en blessa plusieurs et en fit deux autres prisonniers.

SAULCE-AUX-BOIS.

Une fois ralliés, on suivit jusqu'à Saulce-aux-Bois, où les espions et les guides signalèrent l'arrivée d'un corps de troupes à Rethel; il avait fait son entrée en ville à quatre heures du matin. Quelles étaient ces forces, par qui étaient-elles commandées, en quoi consistaient-elles réellement? Ces renseignements restent toujours vagues, et les guides se méprennent volontiers sur l'effectif d'une troupe. En comparant les différents récits, les uns parlaient de trente mille hommes, les autres de vingt mille. Nous n'avons su que très-longtemps après, par un officier prussien fait prisonnier à

Choisy-le-Roi, et qui faisait partie des forces qui poursuivaient le général Vinoy, qu'il avait devant lui trente mille hommes, le corps du général Tumpling (6ᵉ), qui plus tard vint occuper la rive gauche avec son quartier général à Villeneuve-le-Roi.

Saulce-aux-Bois est à dix kilomètres environ de Rethel, le village est situé sur une hauteur; des prés et des bois en pente douce bordent la route à droite; à une demi-lieue le terrain se relève, les pentes se dessinent et quelques moulins découpent sur le ciel leurs pittoresques silhouettes. Cette nouvelle hauteur domine Rethel, à trois kilomètres environ de la ville; c'est là que l'artillerie prussienne se mit en batterie.

Il pouvait être dix heures du matin; depuis minuit les troupes marchaient sans désemparer, elles n'avaient pas encore mangé, et la fatigue accablait tous ces jeunes soldats; nous avons dit plus haut que les hommes n'avaient pas de cartouches, et qu'une heure de combat aurait vite épuisé tout ce qu'ils avaient de munitions : la situation était donc des plus périlleuses. L'ennemi était à Rethel depuis quatre heures, et avait par conséquent six heures de repos; il était supérieur en forces, et ayant à quelques lieues de là, vers Sedan, des masses énormes, pouvait avoir dénoncé le mouvement, afin de faire appuyer et envelopper toute la colonne. Le général opérait une retraite, il ne devait pas l'oublier; toute sa tactique devait consister à faire bonne contenance, à tromper l'ennemi, le tourner et, somme toute, lui échapper sans accepter un combat dont le résultat pouvait être fatal.

A droite de Saulce-aux-Bois, et à un kilomètre du village, se trouve un chemin de grande communication qui conduit au bourg de Novion-Porcien. La colonne s'engagea sur cette route, mais au moment où sa tête de colonne approchait du village, l'arrière-garde fut attaquée. Il était difficile d'apprécier le nombre des assaillants, mais les forces qu'ils mettaient en avant se composaient d'artillerie, d'infanterie et de cavalerie. Les premiers obus lancés par l'ennemi mirent le feu au village; déjà l'arrière-garde, sous les ordres du général Susbielle, s'était mise en état de résister à l'attaque. Deux batteries furent mises en position; soutenues par le 35ᵉ de ligne et deux escadrons du 6ᵉ hussards, elles firent bientôt taire le canon prussien.

Cependant il était important de ne pas prendre l'offensive: il fallait arrêter l'élan de Susbielle, un très-vigoureux soldat qui n'eût pas demandé mieux

que de marcher en avant. Le général en chef avait
cru l'attaque sérieuse ; dès qu'il vit que ses batteries
avaient éteint le feu de l'ennemi, il donna l'ordre
de faire repartir précipitamment la tête de colonne,
de garder des mitrailleuses pour balayer la route
et la tenir libre. On battit en retraite en échelons
par la gauche, et bientôt on rejoignit le bivouac de
Novion, laissant à peu près trente hommes hors de
combat.

BIVOUAC DE NOVION-PORCIEN.

Le village de Novion-Porcien présentait l'aspect
de la désolation ; toute la population virile l'avait
abandonné déjà ; les vieillards, les femmes et les
enfants restaient seuls et colportaient les nouvelles
les plus alarmantes. A tout instant, la panique dé-
terminait l'effarement et la fuite précipitée ; le nom
des uhlans circulait de bouche en bouche, et le
bruit du canon, qu'on entendait depuis le matin,
affolait cette population déjà terrifiée par ces mouvements de retraite et ce passage de troupes.

Vers une heure, une alerte fit prendre les armes
à toute la colonne campée autour du village ; les

uhlans vinrent charger les grand'gardes. Ils furent repoussés par les tirailleurs ; mais ces jeunes troupes, qui n'avaient jamais vu le feu et n'avaient pas l'expérience de cette guerre, furent en l'air toute la nuit, prenant le moindre bruit pour une attaque, tirant à l'aventure sur des fantômes, sans qu'on pût les empêcher de dépenser inutilement leurs munitions, et privant par là même la colonne tout entière de prendre un peu de repos après une aussi rude marche.

Ou bien les Français étaient plus forts que l'ennemi, ou les troupes prussiennes étaient plus considérables. Celles-ci s'étonnèrent d'abord de ne point être attaquées et dessinèrent un mouvement pour venir à la rencontre par les bois ; puis, pensant sans doute que les forces du 13e corps chercheraient à passer l'Aisne à Château-Porcien, elles s'établirent sur les hauteurs qui s'étendent d'Écly à Inaumont, afin de couper la route.

La situation était toujours compromise. On pouvait être coupé, et en tout cas on devait être suivi, par conséquent constamment maintenu dans un état d'alerte rendu périlleux par l'absence de munitions.

Le général en chef se décida donc à faire une seconde marche de nuit, pour devancer l'ennemi. Ce fut une opération difficile : les grand'gardes étaient très-étendues, la pluie rendait le terrain impraticable, il fallait démarrer à la nuit, transmettre les ordres sans connaître les chemins; les troupes s'égaraient, les soldats inhabiles ne comprenant rien à cette précipitation, à ces mouvements nocturnes, inquiets des manifestations successives de l'ennemi, des attaques qu'il ébauchait, ne répondaient que difficilement au commandement : quelques officiers généraux étaient même d'avis de ne pas exiger de telles fatigues d'une colonne aussi peu habituée que celle-là aux choses de la guerre. Le général tint ferme, il acceptait toute la responsabilité de la situation et voulait à tout prix gagner sa ligne de retraite.

L'ordre était de s'engager dans la direction de Chaumont-Porcien, pour gagner Laon par la route de Rozoy. Il faisait une nuit obscure, la pluie tombait avec violence, mais ces circonstances étaient plus favorables que nuisibles. Au sortir de Novion-Porcien, le pays, coupé de bois et de profonds

ravins, rendait la marche plus difficile, mais certainement plus pleine de sécurité. Attaquées dans
cette route, les troupes n'auraient pu en aucune
façon faire face à l'ennemi; mais les attaques de
nuit ne sont pas dans le caractère de l'armée allemande. On traversa des défilés presque inextri-
cables, celui de Mesmont où s'élève un petit village, et celui de Wassigny à la sortie duquel se trouve
la route de grande communication qui conduit de
Château-Porcien à Chaumont-Porcien. Le temps
s'était levé, la pluie cessait, et les éclaireurs ayant
constaté que la route était libre, on traversa une
série de petits villages riches, prospères, où les habitants, moins effarés que ceux de Novion, venaient
au devant des soldats, les bras chargés de provisions de toutes sortes, prêts à les reconforter, de
telle sorte que la discipline, déjà relâchée par la
force de la situation, par le caractère de jeunesse
des soldats et la fatigue qui les accablait, devenait
de plus en plus difficile à maintenir.

Samedi, 3 septembre.

Les troupes marchaient depuis deux heures de
la nuit, il était onze heures du matin; on laissait

çà et là des traînards sur la route. Les uhlans en
enlevaient quelques-uns; il devenait nécessaire de
s'arrêter et de faire manger la troupe. La pluie
tombait de nouveau depuis une heure; on décida
de faire halte à Chaumont-Porcien.

Un guide requis pour diriger la colonne essaya
de l'induire en erreur en la menant droit sur
Château-Porcien, occupé par l'infanterie prussienne;
le général, qui faisait marcher cet individu à côté
de son cheval, s'en aperçut à temps, rebroussa
chemin et se dirigea vers Seraincourt, et sous
Chaumont les troupes firent le café dans une
position propice. Ce n'était pas encore l'étape, si
longue qu'elle fût déjà puisque le soldat marchait
depuis neuf heures, c'était une simple halte!

Il fallait redoubler de prudence; on renonça à
se rendre à Rozoy et on décida de suivre une route
détournée qui, de Chaumont-Porcien même, conduit à Seraincourt. De Seraincourt on irait à Fail-
licourt, puis à Montcornet. A partir de ce moment
il était visible que la colonne allait perdre peu à
peu ses soldats les plus jeunes, exténués par de
telles fatigues. Le nombre des traînards était considérable; déjà les uhlans les ramassaient sur les
chemins. Un capitaine d'état-major fut chargé de

réquisitionner sur sa route toutes les charrettes afin de charger les sacs et d'alléger la troupe.

Nous n'avions fait que traverser Chaumont-Porcien, sans nous arrêter autrement que pour faire le café à quelque distance du village. Les Prussiens, campés sur les hauteurs qui s'étendent d'Ecly à Inaumont et qui avaient suivi la colonne à la piste, crurent qu'elle occupait le village et vinrent l'attaquer; ils y firent leur jonction avec une division de cavalerie détachée de la grande armée devant Sedan, qui avait tourné Mézières par le nord et les bois de Signy-l'Abbaye.

Ils suivaient donc la route qui conduit de Château-Porcien à Chaumont-Porcien, sûrs de nous y surprendre, pendant que nous nous étions engagés sur un chemin presque parallèle qui mène de Chaumont-Porcien à Seraincourt. Ils commencèrent à lancer leurs obus sur le village et à tout disposer pour l'attaque, quand, voyant qu'on ne répondait point et recevant les rapports des reconnaissances qui constataient l'absence de troupes, ils arrêtèrent le mouvement offensif.

La fatigue ne pouvait pas être moindre chez l'ennemi que parmi les troupes du corps qui battait en retraite; les étapes avaient été triplées, on marchait

nuit et jour. Malgré les reconnaissances des uhlans,
les généraux ennemis ne savaient pas à quoi s'en
tenir sur le véritable effectif de la colonne, et la
suivre plus loin c'était véritablement trop s'isoler
de sa base d'opération et s'exposer à un combat
désavantageux. Si l'ennemi eût connu cette circonstance inouïe d'une colonne marchant sans
munitions, c'en était fait des troupes du général
Vinoy, qui étaient à sa merci.

Enfin on entra dans Seraincourt, et les états-
majors, qui étaient dans le secret de l'opération et
connaissaient les étapes importantes, se sentirent
allégés d'un grand poids ; la colonne tenait sa ligne
de retraite, et l'ennemi ne pouvait plus l'intercepter.

Les haltes devenaient de plus en plus difficiles ;
tout homme qui s'arrêtait ne voulait plus se relever ;
tous ces passages à travers les riants petits villages
où les habitants donnaient à boire avec profusion
aux jeunes soldats étaient fatals à la colonne.
Les vieilles troupes donnaient l'exemple ; quelques-uns des régiments de marche nouvellement
formés se tenaient aussi droits et fiers malgré la
fatigue, et refusaient de se laisser alléger. Mais on
perdait du monde sur les routes ; ces soldats, des

enfants pour la plupart; faisaient peine à voir; les autres, qui n'étaient pas maintenus par la rude habitude de la discipline, se précipitaient sur les charrettes, les prenaient d'assaut au lieu d'y déposer leur bagage et de permettre ainsi à chacun de continuer sa marche plus à l'aise.

MONTCORNET.

A six heures du soir la tête de la colonne arrivait à Moncornet; l'étape, avec ses quelques haltes, avait duré seize heures. On ne décrit pas la fatigue et le désordre de telles troupes, mais du moins on pouvait être sûr d'échapper à toute atteinte. Aucune troupe prussienne ou confédérée ne supporte de telles marches, et celle qui poursuivait la colonne du 13e corps était inhabile à la rejoindre.

C'était une loi chez le général en chef de ne jamais cantonner ses troupes dans le village; on chercha un campement en dehors, dans une plaine, au bord d'un ruisseau; les meules de paille furent réquisitionnées et, pour la première fois depuis le départ, le soldat put prendre un peu de repos.

Le 13e corps avait ses communications libres; la

première preuve qu'on en eut fut l'arrivée d'un capitaine de la garde nationale mobile de l'Aisne, que le préfet de Laon envoyait à la rencontre du général Vinoy. Le soir même, cet officier regagnait Laon sans escorte : la route était donc libre.

Il devenait dès-lors d'une moindre importance de savoir au juste où était l'ennemi. Était-il resté à Chaumont-Porcien, renonçant à atteindre la colonne qui opérait sa retraite? Avait-il poussé jusqu'à Rozoy, et se préparait-il à attaquer? Les seuls renseignements obtenus signalaient une forte colonne à Guignicourt ou à Neufchâteau-sur-l'Aisne.

4 septembre.

La population de Montcornet se montra très-hospitalière et très-douce au soldat, qui aurait voulu séjourner longtemps aux abords de ce village; mais le général voulait gagner Marle pour trouver enfin un pays découvert où les surprises fussent impossibles.

Il existe trois routes conduisant de Montcornet à Laon : la route directe passe par Notre-Dame-de-Liesse et les grands bois qui s'étendent autour; immédiatement après avoir traversé ces couverts, le pays devient plat ; l'artillerie peut se déployer et l'ennemi est forcé de descendre en plaine.

Le soldat, qui se croyait arrivé au terme de ses fatigues, dut lever le camp, reprendre le harnais, et on lui promit une petite étape de dix-huit kilomètres.

Le départ fut décidé pour quatre heures du matin. Ce fut l'un des plus pénibles de cette dure retraite ; en quittant le bivouac, il fallait descendre une côte très-raide traversant le village de Montcornet, remonter une seconde côte et s'engager enfin sur la route. La marche était difficile, les voitures s'espaçaient, et une de ces paniques dont la cause est souvent inexplicable fit refluer l'arrière-garde sur la tête de colonne. Enfin on arriva à Marle, jolie petite ville riche, bâtie sur les bords d'une rivière, station du chemin de fer de Laon à Hirson.

A peine les officiers d'état-major eurent-ils délimité le campement, que chacun s'empressa de courir aux nouvelles, pressentant que de grands événements s'étaient passés depuis le 1er. De Mézières à Marle, la colonne était restée complétement

isolée. Dans ces marches nocturnes, précipitées,
pas un fonctionnaire, pas un courrier n'avait trans-
mis de dépêches, qu'elles vinssent du théâtre de la
guerre ou de la capitale. Quelques-uns des sous-
préfets et des maires étaient restés en communication avec Paris, aucun d'eux n'était en relation
avec l'Est. Les journaux n'arrivaient plus qu'avec
des retards énormes; aucun fait nouveau ne venait
faire connaître la situation.

Un individu des ambulances, qui avait assisté à
l'affaire d'Illy devant Sedan, et qui avait pu quitter
le champ de bataille et rejoindre Marle à petites
journées, vint le premier annoncer le grand désastre de Sedan, enfin, cruelle déception pour des
Français, la capitulation de l'armée de Mac-Mahon,
le maréchal blessé, l'empereur prisonnier. Ces
nouvelles terrifièrent les officiers, mais elles vinrent
cependant prouver au général en chef qu'il avait
sagement agi en précipitant sa marche et en des-
sinant d'une façon aussi énergique son mouvement
de retraite. La colonne se composait de dix mille
hommes et de soixante-dix pièces de canon; deux
autres divisions allaient rejoindre et avaient reçu
l'ordre de suspendre leur marche. Mac-Mahon défait,
Bazaine bloqué par le prince Frédéric-Charles, ce

13ᵉ corps, dont la mission était de renforcer Mac-Mahon ou d'opérer sur les derrières de l'armée qui le cernait, restait seul intact. C'était tout ce qui pouvait lutter encore utilement pour le pays; c'était enfin le noyau de cette armée de secours qui, pendant plus de quatre mois, sous les forts, a tenu l'ennemi en échec, et dont les divisions se sont montrées, aux combats de Villiers-sur-Marne et de Champigny, à la hauteur des armées aguerries depuis longtemps et fanatisées par la victoire.

A Marle, une autre nouvelle vint surprendre l'état-major général et ajouter à la gravité de la situation : la République était proclamée à Paris, l'impératrice et les ministres étaient en fuite.

Le général n'hésita pas : il était soldat et devait son épée, non pas à telle ou telle forme du gouvernement, mais à la France. Le pays, accablé sous le poids du malheur, mais fier encore, prenait en main ses destinées et proclamait la résistance à outrance, et la révolution s'était accomplie pacifiquement. Ayant en main les destinées de trente mille hommes dont le concours pouvait devenir si utile à la nation, le chef du 13ᵉ corps se mit à la disposition de son chef naturel, le ministre de la guerre du nouveau gouvernement, et attendit ses ordres.

S'exagérant les difficultés pratiques d'une marche sur Paris, le temps matériel qu'il fallait aux armées pour se présenter devant la capitale, l'énorme mise en œuvre d'un mouvement qui se complique de la nécessité d'assurer ses communications, de recevoir ses munitions, ses vivres et de transporter son matériel, les populations voyaient déjà Paris investi, assiégé, et résistant à une attaque de vive force.

La dépêche du ministre était conçue dans ce sens : « Ne pas s'occuper de défendre Laon et regagner Paris avec le corps d'armée. »

Le général se mit en mesure d'exécuter immédiatement ces ordres. La colonne était campée en dehors de la ville, dans un grand champ, entre la route et un ruisseau. On donna l'ordre de départ, et les maires des villages environnants, prévenus de la nécessité dans laquelle on se trouvait de requérir les voitures, assurèrent qu'à l'heure dite on pourrait compter sur un certain nombre de véhicules, qui pourraient permettre aux soldats de prendre à tour de rôle un peu de repos et de supporter ainsi les dernières fatigues qu'on allait exiger d'eux.

Les fermiers, cultivateurs et détenteurs de chevaux, qui subissent aujourd'hui les réquisitions immodérées des Prussiens, éprouvaient déjà quelque peine à venir en aide à nos soldats fatigués : les voitures manquèrent à l'heure dite, et les troupes, à bout de forces, durent néanmoins se mettre en route.

Le général en chef marcha droit sur Laon afin d'organiser le départ des deux divisions Maud'huy et Blanchard, et de là gagner immédiatement Paris pour y opérer sa concentration et aviser aux moyens de défendre la capitale.

Le général Vinoy avait pris la voie ferrée ; le général Blanchard, avec sa division, devait continuer sa marche sur Laon.

Pendant la nuit du 4 au 5 à Marle, les troupes campées sous le village avaient eu une alerte qui avait jeté le plus grand désordre dans la colonne : trente cavaliers ennemis, venant pour ainsi dire *flairer* le camp, à la façon des uhlans, avaient suffi pour jeter l'alarme au milieu de la nuit. Le général Blanchard, afin d'éviter de telles complications, modifia l'itinéraire arrêté, abandonna la route

directe, prit la direction de La Fère en passant par
Crécy, et arriva ainsi à Laon plus tard qu'on ne le
pensait.

Le préfet de Laon, M. Ferrand, un homme
énergique et très au courant des mouvements, or-
ganisait des reconnaissances, paraissait très-décidé
à la résistance et, au milieu de la terreur générale,
avait conservé toute sa liberté d'esprit. Pendant
toute la journée du 5 septembre, le général Vinoy
prit avec lui les dispositions les plus urgentes afin
d'assurer la défense de la ville. La position unique
de cette population, située sur un rocher défendu
de toute part, et qui pouvait être un des derniers
boulevards de la résistance, rendait cette tâche
facile si les habitants eussent été d'accord avec les
défenseurs; mais l'entente, tout d'abord, ne parut
pas complète. Nous n'avons pas à discuter, du reste,
l'opportunité de la résistance à outrance sur ce
point.

Quoi qu'il en soit, on connaît l'attitude du général commandant la ville, les détails de la capitulation, l'explosion de la soute aux poudres : le
seul document qui permette de juger l'état des
choses émane du général qui assiégeait la ville, il
peut être soupçonné; il faut donc attendre la fin

de la guerre pour se prononcer sur l'explosion
qu'un garde du génie aurait provoquée de son
initiative privée, et qui, du reste, fit plus de mal
aux Français eux-mêmes qu'aux assiégeants.

L'opération de la retraite sur Paris pouvait se
faire par la route de Soissons, mais cette route
venait d'être coupée. La division d'Exéa, qui occupait Reims, avait dû se rabattre sur Soissons, et le
général qui la commandait faisait savoir qu'il était
menacé par l'ennemi et se dirigeait sur Dammartin.

Ce mouvement de la division d'Exéa, concentrée
à Reims, est resté indépendant. Partie tout entière
de Paris le 27 août, elle a campé autour de Reims,
sauf deux bataillons dirigés le 26 sur Épernay.

Voici l'énoncé rapide de ses différentes opérations. Nous les donnons consciencieusement, heure
par heure.

Le 29, la division fait une reconnaissance et
occupe Bazancourt; le 30, elle entre dans Rethel.
Le 31, un fort détachement se dirige par la voie
ferrée vers Châlons jusqu'au quartier impérial de
Mourmelon; là, quelques uhlans viennent reconnaître le train et se replient sur des forces qui

devaient occuper une partie du camp. Le train portant deux mitrailleuses mises en batterie sur des trucs, quelques décharges de ces pièces suffisent pour rendre la voie libre; mais on reconnaît qu'il ne faut pas pousser plus loin les investigations.

De Rethel on revient à Reims dans la nuit du 1er au 2, et le 6e dragons, envoyé de Paris, rejoint la division. Une reconnaissance opérée par cent cinquante gendarmes signale l'ennemi à quelques lieues de la ville. Du côté de Châlons, la voie reste encore libre; les Prussiens, dans leur marche rapide exécutée pour rejoindre le corps de Mac-Mahon, qui leur avait dérobé son départ, ont laissé à Cuperly cinquante-sept chevaux et vingt-sept fourgons chargés de vivres. Les paysans les conduisent à Châlons, où le colonel Tarayre les fait prendre.

Le 3, on s'avance encore en forces avec de l'infanterie et de la cavalerie sur la route de Rethel, mais on ne constate point la présence de l'ennemi.

A partir du 4, le désastre de Sedan est connu dans toute son étendue; on sait la décision prise par le général en chef commandant le corps de renoncer d'abord à la concentration dans Mézières, puis à la défense de Laon. Le général d'Exéa fait évacuer

Laon en chemin de fer. Un régiment de marche, l'artillerie, la cavalerie et les bagages se rendent par la route de terre jusqu'à Soissons, où ils campent.

Le 5, les troupes vont jusqu'à Dammartin par voie ferrée, tandis que les forces que nous avons indiquées poursuivent leur route par Villers-Cotterets; le 6, tout le monde se retrouve à Dammartin, où le général d'Exéa rend sa liberté d'action à un bataillon de francs-tireurs qu'il avait amené de Reims et qui faisait un service d'éclaireurs pour la colonne.

Le 7 et le 8, on va de Dammartin à Livry et de Livry à Paris, soit par étapes, soit par les trains.

Revenons aux autres colonnes : l'ennemi n'avait pas renoncé à suivre la première, puisqu'il était arrivé à Guignicourt, où il avait eu un petit engagement avec la garde mobile; quant au général Maud'huy, que le télégraphe avait retenu à Laon, il avait fait camper sa division sous les murs de cette ville. Ces forces ne pouvant plus partir par Soissons, on résolut de les faire battre en retraite par la Fère, et de regagner Paris par la ligne du

Nord. Ce mouvement commença le 5 septembre au matin ; le matériel manquait, la Compagnie du chemin de fer du Nord l'avait refoulé vers Lille d'une part et sur Paris d'autre part. La division Blanchard, elle, après s'être reposée au camp sous Laon, prit la même direction le lendemain 6 avec le 4ᵉ escadron du 6ᵉ hussards. En même temps, malgré les réclamations du général Vinoy au ministre, le matériel n'arrivant pas, il fallut que la division Blanchard poussât jusqu'à Tergnier, où les moyens d'embarquement étaient complets. A partir de là, ces transports de troupes par la voie ferrée n'ont plus d'histoire.

Le général Vinoy, parti de Laon, séjourna une heure à Tergnier pour préparer l'embarquement des divisions qu'il précédait. Les réserves d'artillerie, les batteries de la division Maud'huy, qui rétrogradaient, les trois escadrons du 6ᵉ hussards et la compagnie du train, sous les ordres du général d'Ubexi, après être arrivés à la Fère le 5 à minuit, en repartaient le 6 à sept heures du matin, sans s'attarder à prendre un plus long repos ; le même jour ils touchaient Noyon, et suivant les voies ordinaires, doublant les étapes, entraient à Paris le 9.

Sauf la cavalerie, qui avait été distraite du commandement en chef du 13ᵉ corps, les différentes troupes qui le composaient étaient réunies à Paris le 9 septembre.

Le départ de Paris avait eu lieu le 29 août; onze jours après, le corps tout entier était revenu à son point de départ, après les péripéties que nous avons décrites.

Cette opération, d'une rapidité extrême si on considère la gravité des circonstances, n'avait coûté que quelques hommes qu'on dut fatalement laisser en arrière dans les villages, aux soins de ceux qui avaient compassion des jeunes recrues brisées par la fatigue; les quelques blessés qu'on avait eus dans ces différentes rencontres furent évacués sur les hôpitaux les plus proches, et un certain nombre d'entre eux ont rejoint le corps avant la date de l'investissement.

Ceux qui ont suivi jusqu'ici ce récit un peu spécial, et dont nous n'avons pas voulu exagérer le mouvement pittoresque et la couleur locale, s'attendaient peut-être à des combats incessants, à des rencontres nocturnes, des surprises telles qu'en comporte ordinairement une retraite sous le feu de l'ennémi.

Cette opération militaire s'est accomplie dans des circonstances spéciales ; elle exigeait surtout du sang-froid, de la prudence et de la ruse. Le manque de munitions en faisait fatalement une marche dissimulée, une lutte de vitesse, et l'extrême jeunesse des soldats qui composaient ces régiments de marche rendait le mouvement difficile.

Il y avait pour l'armée prussienne un intérêt particulier à anéantir le 13e corps : c'était le dernier vestige de l'armée française, ses autres régiments disponibles occupaient le territoire d'Afrique. Huit jours après la rentrée des troupes qui avaient effectué la retraite de Mézières, Paris était investi.

Depuis ce moment d'autres corps se sont formés ; l'armée sous Paris est devenue une armée aguerrie qui a tenu tête aux vieilles troupes allemandes, et chacun des corps qui la constituent a sa part dans la glorieuse défense de Paris.

Le 13e corps a vécu, de récentes décisions ont changé et sa dénomination et sa composition ; mais il aura sa place à part dans l'histoire du siége de Paris. Aux combats de Créteil, à la reprise des

Hautes-Bruyères, à Chevilly, à Bagneux-Châtillon, les jeunes troupes, groupées autour des vieux régiments, se sont peu à peu affermies dans la discipline, et sont désormais des troupes accomplies. Elles ont montré naguère à Champigny ce qu'un nouveau chef pouvait attendre d'elles. L'artillerie de l'ancien 13e corps, aux ordres du général d'Ubexi, y a fait vaillamment son devoir; le génie, commandé par le général du Poet, a tenu ferme dans le village et perdu des officiers d'avenir qui n'ont pas marchandé leur vie. Ce n'était plus le 13e corps dans son entier, c'était encore son esprit militaire et sa solidité devant l'ennemi.

Il faut payer, avant de clore le récit de cet épisode, un tribut de regret à la mémoire de ceux qui ne sont plus : Guilhem, Miquel de Riu, Dampierre, Mimerel, de Grandcey et Desprez, chefs supérieurs de ces troupes, sont tombés en braves. Le général Blaise, un digne chef, est tombé à la Ville-Évrard.

Des 35e et 42e, il ne reste plus que de glorieux débris; mais de tels souvenirs, une conduite aussi constamment brillante dans toute une série de rencontres où l'on tient haut le nom français malgré des revers successifs et malgré la défection, constituent pour des régiments une tradition d'héroïsme qui est toute la religion du soldat.

Ce culte du drapeau est, la source féconde de toutes les vertus militaires qui peuvent encore sauver notrè malheureuse patrie.

CHARLES YRIARTE.

TABLE.

HENRI PLON, IMPRIMEUR-ÉDITEUR

10, RUE GARANCIÈRE, A PARIS

EXTRAIT DU CATALOGUE GÉNÉRAL

Saint Louis et Alfonse de Poitiers, Étude sur les origines de la centralisation administrative, d'après des documents entièrement inédits, par M. E. BOUTARIC, sous-chef de section aux Archives, professeur à l'École des chartes. Ouvrage couronné par l'Institut (prix de l'Académie des inscriptions et belles-lettres). Un beau volume in-8°. Prix. . . . . 8 fr.

Correspondance secrète inédite de Louis XV sur la politique étrangère, avec le comte de Broglie, Tercier, etc., suivie de divers documents relatifs au ministère secret, publiée d'après les originaux conservés aux Archives nationales, et précédée d'une Étude sur le caractère et la politique personnelle de Louis XV, par M. E. BOUTARIC, sous-chef de section aux Archives. Deux beaux volumes in-8°. Prix. . . . . . 16 fr.

Le Tribunal révolutionnaire de Paris, ouvrage composé d'après les documents originaux conservés aux Archives nationales, suivi de la Liste complète des personnes qui ont comparu devant le tribunal, et enrichi d'une gravure et de *fac-simile*, par M. ÉMILE CAMPARDON, archiviste. Deux forts volumes in-8° cavalier. Prix. . . . . 16 fr.

La Démagogie en 1793 à Paris, ou histoire jour par jour de l'année 1793, accompagnée de documents contemporains rares ou inédits, recueillis, mis en ordre et commentés par C. A. DAUBAN. Ouvrage enrichi de seize gravures de VALTON et autres artistes, d'après des dessins inédits et des gravures du temps. Un fort volume in-8° cavalier. Prix. . . . . 8 fr.

Paris en 1794 et en 1795, Histoire de la Rue, du Club, de la Famine, composée d'après des documents inédits, particulièrement les rapports de police et les registres du Comité de salut public, avec une Introduction par C. A. DAUBAN. Ouvrage enrichi de neuf gravures du temps et d'un *fac-simile*. Un magnifique volume in-8° cavalier vélin glacé. Prix. . . . 8 fr.

Les Prisons de Paris sous la Révolution, d'après les relations des contemporains, avec des Notes et une Introduction par C. A. Dauban. Ouvrage enrichi de onze gravures, vues intérieures et extérieures des prisons du temps. Un beau volume in-8° cavalier. Prix. . . . . 8 fr.

Histoire de la Vendée militaire, par J. Crétineau-Joly. 5e édition, considérablement augmentée et ornée d'une carte du théâtre de la guerre. 4 volumes grand in-18 jésus. . . ' 16 fr.

Histoire de France, depuis les origines jusqu'à nos jours, par M. C. Dareste, doyen de la Faculté des lettres de Lyon, correspondant de l'Institut, ouvrage auquel l'Académie française a décerné deux fois (années 1867 et 1868) **LE GRAND PRIX GOBERT.** — Six forts volumes in-8° cavalier vélin glacé. Prix. . . . . 48 fr.

Dictionnaire critique de biographie et d'histoire, Errata et supplément pour tous les Dictionnaires historiques, d'après des documents authentiques inédits recueillis par A. Jal, historiographe et archiviste de la marine, en retraite. Un volume grand in-8° de 1326 pages à deux colonnes, enrichi de 212 *fac-simile*. Prix. . . . . 20 fr.

Faits mémorables de l'histoire de France, recueillis d'après nos meilleurs historiens, par Michelant, et accompagnés d'une Introduction par M. de Ségur. Nouvelle édition, revue et augmentée. (*L'ouvrage a été continué jusqu'à nos jours.*) Un beau volume grand in-8°, *illustré* de 135 très-belles vignettes de V. Adam et David. 1870. Prix. . . . . 12 fr.

Les Archives de Venise. — Chancellerie secrète de la République sérénissime. Papiers d'État du Sénat, du Cabinet des Ministres, du Conseil des-Dix et des Inquisiteurs, d'après des recherches faites aux sources originales, pour servir à l'étude de l'Histoire, de la Politique et de la Diplomatie, par M. Armand Baschet. Un vol. in-8° cavalier vélin glacé. Prix. 8 fr.

La Diplomatie Vénitienne. — **Les Princes de l'Europe au XVI° siècle :** François Ier, Philippe II, Catherine de Médicis, les Papes, les Sultans, etc., d'après les Rapports des Ambassadeurs vénitiens, par M. Armand Baschet. Cet ouvrage est enrichi de nombreux *fac-simile* d'autographes, parmi lesquels il faut citer un document diplomatique annoté en marge par Philippe II. Un beau volume in-8° cavalier vélin glacé, de plus de 600 pages. Prix. . . . . 8 fr.

Antonio Perez. — **L'art de gouverner**, Discours adressé à Philippe III (1598), publié pour la première fois en espagnol et en français, suivi d'une Étude sur la consultation de Melchior Cano à Philippe II (1555), par J. M. GUARDIA. Un volume in-8°, enrichi de *fac-simile* d'autographes. Prix. . . . 8 fr.

« Self-Help », ou caractère, conduite et persévérance, illustrés à l'aide de biographies, par SAMUEL SMILES, auteur de la *Vie des ingénieurs*, traduit de l'anglais par ALFRED TALANDIER sur le texte revu et corrigé par l'auteur. Un fort volume in-18, 4e édition. Prix. . . . . 4 fr.

La vie des Stephenson, comprenant l'histoire des chemins de fer et de la locomotive, par Samuel SMILES, traduit de l'anglais par F. LANDOLPHE. Un volume grand in-18 jésus, illustré de nombreuses gravures. Prix. . . . . 4 fr.

Plutarque. Les Vies des Hommes illustres, traduites en français et précédées de la vie de Plutarque, par RICARD. Édition ornée de douze gravures en taille-douce dessinées d'après l'antique, par PERRY, gravées par DARODES, OLESZCZYNSKI, GELÉE, SALMON, PRÉVOST et LECOMTE. Quatre vol. in-8°. Prix. 20 fr.

Histoires d'Hérodote, traduction de Pierre SALIAT, revue sur l'édition de 1575, avec corrections, notes, glossaires et index, par Eugène TALBOT, docteur ès lettres, professeur de rhétorique au lycée Bonaparte, traducteur des Œuvres complètes de l'empereur Julien, etc. Un beau volume in-8°. Prix. 8 fr.

Histoire des Perses, d'après les auteurs orientaux, grecs et latins, et particulièrement d'après les manuscrits orientaux inédits, les monuments figurés, les médailles, les pierres gravées, etc., par le comte de GOBINEAU. Deux beaux volumes in-8° de plus de 600 pages chacun. Prix. . . . . 16 fr.

Guerres maritimes de la France; port de Toulon, ses armements, son administration, depuis son origine jusqu'à nos jours, par V. BRUN (de Toulon), commissaire général de la marine. Deux forts volumes in-8°. Prix. . . . . 15 fr.

Organisation militaire des Chinois, ou la Chine et ses armées, suivie d'un Aperçu sur l'administration civile de cet empire, par M. P. DABRY, consul de France en Chine, chevalier de la Légion d'honneur, membre de la Société asiatique de Paris. Un volume in-8°. Prix. . . . . 6 fr.

Les Invalides, grandes éphémérides de l'Hôtel des Invalides, depuis sa fondation jusqu'à nos jours, description du monument et du tombeau de Napoléon Ier, par le colonel GÉRARD, ex-secrétaire général, archiviste, trésorier, bibliothécaire, conservateur des trophées militaires à l'Hôtel, commandeur de la Légion d'honneur. Un fort volume in-8°, orné de gravures. Prix. . . . . 8 fr.

Goya, par Charles YRIARTE; sa Biographie, les Fresques, les Toiles, les Tapisseries, les Eaux-fortes et le Catalogue de l'œuvre, avec cinquante planches inédites, d'après les copies de TABAR, BOCOURT et CH. YRIARTE. Un magnifique volume in-4°. Prix. . . . . 30 fr.

Australie. — **Voyage autour du monde**, par le comte DE BEAUVOIR. Ouvrage enrichi de deux grandes Cartes et de douze Gravures-photographies. *Quatrième édition.* Un joli volume in-18. Prix. . . . . 4 fr.

Java, Siam, Canton. — **Voyage autour du monde**, par le comte DE BEAUVOIR. Ouvrage enrichi d'une grande Carte spéciale et de quatorze Gravures-photographies. *Quatrième édition.* Un joli volume in-18. Prix. . . . . 4 fr.

Souvenirs d'un prisonnier d'Abd-el-Kader, par HIPPOLYTE LANGLOIS. Ouvrage illustré de douze dessins tirés hors texte. Un beau volume petit in-8° anglais. Prix. . . . . 3 fr.

Les Commentaires d'un marin, par FÉLIX JULIEN. Un joli volume in-8°. . . . . 5 fr.

Le même, édition in-18. . . . . 3 fr.

Athènes, d'après le colonel Leake, ouvrage mis au courant des découvertes les plus récentes, par M. Phocion ROQUE, chargé d'affaires de Grèce à Paris, précédé d'une Introduction par C. WESCHER. Un joli volume grand in-18 orné de 8 gravures hors texte et d'un plan d'Athènes et des environs. Prix. 4 fr.

Chants Guerriers, par MM. AUG. BARBIER, — PIERRE DUPONT, — FERNAND DESNOYERS, — GUSTAVE MATHIEU, — CHARLES VINCENT. Musique et accompagnement de piano, par MM. Darcier, Pierre Dupont, Hector Salomon et Mme Mélanie Dentu. Dessins de MM. Bertall, Faivre, Fath, Maurice Sand, Valentin. Prix. 1 fr.